CAPÍTULO I

IMUNIDADE TRIBUTÁRIA DESCOMPLICADA

No decorrer deste ebook, vamos explorar diferentes áreas de imunidade tributária, como a religiosa, cultural, educacional, filantrópica, de exportações e ambiental. Veremos como cada uma delas possui requisitos específicos e quais são os benefícios e obrigações relacionados.

A imunidade tributária é um tema relevante e em constante evolução. Conhecer seus direitos e entender como se beneficiar dessas garantias constitucionais é essencial para uma atuação consciente na sociedade. Continue lendo os próximos capítulos para se aprofundar nesse assunto fascinante e descobrir como proteger seus direitos e contribuir para uma sociedade mais justa.

CAPÍTULO II

PRINCÍPIOS CONSTITUCIONAIS

Neste capítulo, mergulharemos nos princípios constitucionais que sustentam a imunidade tributária e compreender como esses princípios fundamentais moldam nossa relação com o sistema tributário, garantindo nossos direitos.

Princípio da legalidade

O primeiro princípio que exploraremos é o da legalidade. Ele estabelece que nenhum tributo pode ser cobrado sem previsão em lei. Essa é uma garantia essencial para a segurança jurídica dos cidadãos, evitando arbitrariedades e abusos por parte do Estado. Ao compreendermos que a imunidade tributária é respaldada pelo princípio da legalidade, sentimos uma sensação de alívio e proteção, sabendo que estamos amparados por normas claras e bem definidas.

Princípio da isonomia

Outro princípio que se entrelaça com a imunidade tributária é o da isonomia. Ele busca tratar igualmente aqueles que se encontram em situações semelhantes. É imperativo que todos devem ser tratados de forma justa perante a lei, independentemente de condição social, religiosa, cultural ou educacional. A imunidade tributária é um instrumento que busca preservar essa igualdade, assegurando que alguns grupos não sejam sobrecarregados com tributos em detrimento de outros.

Outros princípios relacionados à imunidade.

Além dos princípios da legalidade e da isonomia, existem outros valores e fundamentos relacionados à imunidade tributária fortalecem nosso senso de justiça.

Um princípio fundamental é o da **Segurança Jurídica**. Sentimos uma sensação de conforto e tranquilidade ao saber que a imunidade tributária é respaldada por normas constitucionais claras e estáveis.

Esse princípio garante que nossos direitos sejam protegidos de mudanças arbitrárias ou retroativas na legislação tributária, proporcionando uma base sólida para a atuação das pessoas e das instituições que se beneficiam da imunidade.

A **Proporcionalidade** é outro princípio emocionante quando pensamos em imunidade tributária. Ele busca estabelecer uma relação equilibrada entre os ônus e os benefícios que uma determinada atividade ou instituição traz para a sociedade. A imunidade tributária se baseia nesse princípio, assegurando que os setores religiosos, culturais, educacionais, filantrópicos e outros beneficiados pela imunidade contribuam para o bem-estar social por meio de suas atividades específicas.

A **Solidariedade** também é um princípio poderoso ligado à imunidade tributária. Ao proteger certas atividades ou entidades da carga tributária, a imunidade busca promover a solidariedade social, incentivando ações que beneficiam o coletivo e contribuem para a construção de uma sociedade mais justa e igualitária. Sentimos uma conexão profunda com esse princípio, pois ele nos lembra da importância de olharmos para além de nossos interesses individuais e buscarmos o bem comum.

Outro princípio muito importante é o da **Justiça Social**. A imunidade tributária tem o poder de promover a equidade, evitando que determinados grupos sejam sobrecarregados com tributos, enquanto outros desfrutam de privilégios indevidos. Sentimos uma profunda satisfação ao saber que a imunidade tributária contribui para a construção de uma sociedade mais justa, na qual todos têm a oportunidade de prosperar e contribuir para o bem-estar coletivo.

Também o princípio da **Dignidade Humana** se posiciona como um dos principais. A imunidade tributária preserva a dignidade dos cidadãos, garantindo que eles não sejam oprimidos ou prejudicados pelo peso excessivo dos tributos. Ao proteger nossa dignidade, a imunidade tributária nos empodera, permitindo que exerçamos plenamente nossos direitos e participemos ativamente na construção de uma sociedade mais inclusiva e respeitosa.

Por fim, o princípio da **Transparência**. A imunidade tributária requer transparência na comprovação dos requisitos e finalidades que justificam a sua concessão. Isso nos dá a garantia de que as instituições e atividades beneficiadas pela imunidade estão agindo de acordo com os princípios e valores que alicerçam essa proteção tributária. Sentimos segurança ao saber que há mecanismos que asseguram a integridade e a responsabilidade daqueles que desfrutam da imunidade.

À medida que nos aprofundamos nos princípios relacionados à imunidade tributária, somos guiados por sentimentos de justiça, equidade, segurança, solidariedade e confiança. Isso nos direcionam a compreender melhor nossos direitos, defender a aplicação correta da imunidade e contribuir para uma sociedade mais harmoniosa e inclusiva.

CAPÍTULO III

IMUNIDADE TRIBUTÁRIA RELIGIOSA

Imunidade tributária para templos religiosos.

A imunidade tributária para templos religiosos é um tema de grande relevância e sensibilidade dentro do contexto da imunidade tributária religiosa. Essa forma de imunidade garante que os templos e espaços de culto sejam isentos de certos impostos, reconhecendo a importância da liberdade de culto e a autonomia das instituições religiosas.

Essa imunidade tributária busca proteger o exercício da fé e as práticas religiosas, permitindo que os templos religiosos exerçam suas atividades sem serem onerados com tributos excessivos. Esses espaços são considerados locais sagrados, onde os fiéis se reúnem para adorar, celebrar e fortalecer sua espiritualidade.

Essa imunidade tributária também permite que os recursos financeiros das instituições religiosas sejam direcionados para o sustento e a manutenção dos templos, bem como para atividades de cunho social e caritativo. Isso fortalece o compromisso das comunidades religiosas em servir aos fiéis e à sociedade em geral, promovendo a solidariedade e o bem-estar daqueles que necessitam de auxílio.

No entanto, é importante destacar que a imunidade tributária para templos religiosos não significa uma isenção total de todos os impostos. Existem algumas limitações e critérios a serem seguidos para que uma instituição religiosa possa usufruir dessa imunidade, como a comprovação de que o local é efetivamente utilizado para fins religiosos e a observância das normas legais aplicáveis.

A imunidade tributária para templos religiosos é, portanto, uma forma de garantir a liberdade de culto, a autonomia das instituições religiosas e o fortalecimento da vida espiritual e comunitária. Ela reconhece o valor dos templos religiosos como espaços sagrados e protege o direito fundamental de expressão religiosa, contribuindo para a diversidade e o pluralismo em nossa sociedade.

Requisitos e limitações para usufruir da imunidade religiosa.
A imunidade tributária religiosa é um direito garantido às instituições religiosas para que elas sejam isentas de certos impostos. No entanto, para usufruir dessa imunidade, é necessário cumprir requisitos específicos e estar ciente das limitações impostas pela legislação.

Em relação aos requisitos, é fundamental que a instituição religiosa esteja devidamente constituída e registrada, seguindo as normas legais aplicáveis. Além disso, é necessário comprovar que suas atividades são efetivamente voltadas para fins religiosos, como a realização de cultos, rituais, celebrações e atividades pastorais.

Outro requisito importante é a gestão transparente e idônea dos recursos financeiros da instituição religiosa. É necessário que haja clareza na utilização dos recursos, evitando qualquer tipo de desvio ou destinação inadequada. A transparência nas finanças fortalece a credibilidade e a confiança da comunidade de fiéis e da sociedade em geral.

Além dos requisitos, existem também limitações impostas pela legislação. Por exemplo, a imunidade tributária religiosa não se estende a atividades comerciais exercidas pela instituição religiosa. Caso haja atividades econômicas paralelas, como a venda de produtos ou a prestação de serviços com fins lucrativos, essas atividades podem estar sujeitas à tributação normalmente.

Outra limitação é a restrição à remuneração dos dirigentes religiosos. A imunidade tributária não abrange os rendimentos pessoais dos líderes religiosos, que devem ser tributados de acordo com as normas aplicáveis.

Além disso, é importante destacar que a imunidade tributária religiosa não isenta as instituições religiosas do cumprimento de outras obrigações fiscais e trabalhistas. Elas ainda devem cumprir as obrigações relacionadas à contribuição previdenciária, FGTS (Fundo de Garantia do Tempo de Serviço) e demais obrigações trabalhistas.

É essencial que as instituições religiosas estejam atentas a essas limitações e cumpram todas as obrigações legais para manter a sua imunidade tributária. O não cumprimento desses requisitos e obrigações pode resultar na perda da imunidade e na aplicação das penalidades previstas em lei.

Em resumo, para usufruir da imunidade tributária religiosa, as instituições religiosas devem cumprir requisitos específicos, como a regularidade legal, a comprovação das atividades religiosas e a transparência na gestão financeira. Também devem estar cientes das limitações impostas pela legislação, como a não abrangência de atividades comerciais e a tributação dos rendimentos pessoais dos líderes religiosos. Ao agir de acordo com essas diretrizes, as instituições religiosas podem exercer plenamente a sua missão espiritual e social, protegidas pela imunidade tributária.

Possíveis questionamentos e casos polêmicos.
A imunidade tributária religiosa, apesar de ser um direito garantido constitucionalmente, pode suscitar questionamentos e casos polêmicos, principalmente devido à interpretação e aplicação das normas que regem essa imunidade. Alguns desses questionamentos envolvem temas delicados e podem gerar debates acalorados.

Um dos possíveis questionamentos é a definição do que se enquadra como instituição religiosa passível de usufruir da imunidade tributária. A legislação prevê critérios para o reconhecimento dessas instituições, mas nem sempre é fácil determinar se determinada entidade atende a todos os requisitos. Surgem casos em que organizações alegam ter finalidades religiosas, mas há dúvidas quanto à sua genuinidade ou se suas atividades estão efetivamente voltadas para o aspecto religioso.

Outra questão controversa é a delimitação das atividades abrangidas pela imunidade tributária. Enquanto algumas atividades religiosas são amplamente aceitas como imunes a impostos, como cultos e rituais, outras atividades podem gerar divergências. Por exemplo, eventos culturais, obras de caridade ou a exploração comercial de determinados produtos ou serviços por instituições religiosas podem levantar questionamentos sobre a extensão da imunidade tributária.

Além disso, há casos em que ocorre o uso indevido da imunidade tributária religiosa. Algumas instituições podem se valer desse benefício para encobrir atividades econômicas ou para obter vantagens financeiras sem um real propósito religioso. Isso gera controvérsias e levanta questões sobre a fiscalização e o controle adequado das instituições religiosas para garantir que a imunidade seja aplicada corretamente.

A imunidade tributária religiosa também pode gerar conflitos quando há choque de direitos fundamentais, como a liberdade religiosa em contraposição a outros direitos, como a igualdade ou a não discriminação. Em casos em que determinada prática religiosa contrarie normas de ordem pública, é necessário encontrar um equilíbrio entre o exercício da liberdade religiosa e a proteção de outros valores e direitos.

Esses casos polêmicos exigem uma análise cuidadosa e uma interpretação adequada da legislação e dos princípios constitucionais envolvidos. É fundamental que haja um debate jurídico e social amplo, buscando encontrar soluções que equilibrem a proteção da liberdade religiosa com os demais interesses da sociedade.

A imunidade tributária religiosa é um tema complexo e desafiador, que requer constante reflexão e aprimoramento das normas e dos mecanismos de controle. É importante buscar um equilíbrio entre o respeito à liberdade religiosa e a garantia de que essa imunidade seja utilizada de forma justa e condizente com os propósitos para os quais foi estabelecida.

CAPÍTULO IV

IMUNIDADE TRIBUTÁRIA CULTURAL

Imunidade tributária para instituições culturais.
A imunidade tributária concedida às instituições culturais, é um importante benefício previsto na legislação brasileira. Essa imunidade tem o objetivo de fomentar e fortalecer o setor cultural, proporcionando incentivos fiscais às entidades que atuam nessa área.

As instituições culturais, como museus, bibliotecas, teatros, centros culturais e outras entidades voltadas para a promoção da cultura, podem usufruir da imunidade tributária. Isso significa que elas estão isentas do pagamento de determinados impostos, contribuições e taxas que incidem sobre suas atividades e patrimônio.

Essa imunidade é concedida com base na compreensão de que as instituições culturais desempenham um papel fundamental na preservação do patrimônio artístico, na promoção da diversidade cultural e no acesso à cultura por parte da população. Ao conceder essa imunidade, o Estado reconhece a importância dessas instituições e busca estimular seu desenvolvimento e sustentabilidade.

Essa imunidade tributária implica em benefícios financeiros significativos. Ao estarem isentas de impostos e taxas, essas entidades podem direcionar seus recursos para atividades culturais, aquisição de acervo, manutenção de espaços, realização de eventos, programas educativos e outras iniciativas que contribuam para o enriquecimento do cenário cultural do país.

Além disso, a imunidade tributária cultural favorece o acesso à cultura pela população em geral. Ao reduzir a carga tributária sobre as instituições culturais, torna-se possível oferecer programações culturais mais acessíveis, com ingressos a preços mais baixos ou mesmo de forma gratuita. Isso contribui para a democratização da cultura e para o aumento do alcance das atividades culturais promovidas pelas instituições.

Vale ressaltar que, embora as instituições culturais gozem da imunidade tributária, ainda estão sujeitas a algumas obrigações fiscais e regulamentações específicas. É necessário estar em conformidade com a legislação vigente, realizar a devida prestação de contas, manter registros contábeis adequados e cumprir outras obrigações previstas para garantir a transparência e a legitimidade das atividades culturais realizadas.

A imunidade tributária para instituições culturais é um mecanismo essencial para o fortalecimento do setor cultural no país. Ela reconhece o valor e a relevância das atividades culturais e busca promover o acesso à cultura, a preservação do patrimônio e o enriquecimento da diversidade cultural brasileira. É uma ferramenta que deve ser valorizada e protegida, visando ao desenvolvimento sustentável e ao florescimento das expressões culturais em nossa sociedade

Benefícios da imunidade para o desenvolvimento cultural do país.

A imunidade tributária cultural proporciona uma série de benefícios para o desenvolvimento cultural do país. Em primeiro lugar, ela permite que as instituições culturais direcionem recursos financeiros para atividades essenciais, como aquisição de acervo, manutenção de espaços culturais, realização de exposições, espetáculos, cursos e oficinas. Essa liberação de recursos contribui para a melhoria da infraestrutura e para a expansão das programações culturais, tornando-as mais diversificadas e acessíveis ao público.

Além disso, a imunidade tributária facilita o acesso às atividades culturais. Ao estarem isentas de determinados impostos e taxas, as instituições culturais têm mais flexibilidade para estabelecer preços acessíveis para ingressos, promover eventos gratuitos ou subsidiados, e implementar programas de inclusão cultural. Isso possibilita que um número maior de pessoas, especialmente aquelas de baixa renda, tenha a oportunidade de vivenciar experiências culturais enriquecedoras.

Outro benefício importante é o estímulo à preservação do patrimônio cultural. Com a imunidade tributária, as instituições culturais têm mais recursos disponíveis para a manutenção e conservação de seu acervo, bem como para a realização de pesquisas e projetos de restauração. Isso contribui para a preservação da memória coletiva, proteção do patrimônio histórico e cultural do país, e valorização da identidade cultural de diferentes regiões.

Além dos benefícios diretos para as instituições culturais, a imunidade tributária também promove o desenvolvimento econômico.

O setor cultural é um importante gerador de empregos e movimenta a economia por meio do turismo cultural, do comércio de produtos relacionados à cultura e da valorização dos artistas e profissionais envolvidos nas diversas áreas culturais. A imunidade tributária estimula esse setor, impulsionando o crescimento econômico e a geração de oportunidades de trabalho.

A imunidade tributária cultural oferece benefícios significativos para o desenvolvimento cultural do país. Ela permite o fortalecimento das instituições culturais, a promoção do acesso à cultura, a preservação do patrimônio e o estímulo à economia criativa. É um mecanismo essencial para impulsionar a diversidade cultural, enriquecer a vida da população e fortalecer a identidade cultural brasileira.

Como comprovar a finalidade cultural e garantir a imunidade.
Para usufruir da imunidade tributária cultural, as instituições devem comprovar que sua finalidade principal é o desenvolvimento e a promoção da cultura. Essa comprovação é fundamental para assegurar a concessão do benefício fiscal e garantir a isenção de determinados impostos e taxas.

A forma de comprovar a finalidade cultural varia de acordo com o tipo de instituição e as atividades desenvolvidas. Geralmente, é necessário apresentar documentos que demonstrem a natureza cultural da entidade, tais como estatutos, regimentos internos, projetos culturais, planos de atividades, registros de eventos, parcerias com artistas e produtores culturais, entre outros.

Além disso, é importante demonstrar que as atividades desenvolvidas estão alinhadas com os propósitos culturais estabelecidos. Isso pode ser feito por meio de relatórios de atividades, registros fotográficos, depoimentos de público e profissionais envolvidos, bem como outros documentos que evidenciem o impacto cultural e social das iniciativas realizadas.

Outro aspecto relevante é a transparência na gestão e prestação de contas. As instituições culturais devem manter registros contábeis adequados, de acordo com as normas contábeis vigentes, e apresentar relatórios financeiros e de prestação de contas regularmente. Isso demonstra a seriedade e o comprometimento com a finalidade cultural, além de garantir a transparência na utilização dos recursos obtidos.

É importante ressaltar que a comprovação da finalidade cultural não é um processo único, mas sim um compromisso contínuo. As instituições devem manter-se atentas às exigências legais e às eventuais atualizações normativas relacionadas à imunidade tributária. Além disso, é fundamental estar em conformidade com todas as obrigações fiscais e regulatórias para assegurar a validade da imunidade.

É recomendável buscar orientação jurídica especializada para compreender melhor os requisitos e os procedimentos necessários para comprovar a finalidade cultural e garantir a imunidade tributária. Um profissional capacitado poderá auxiliar na elaboração de documentos e na estruturação de argumentos jurídicos consistentes, garantindo assim a segurança jurídica da instituição cultural.

A comprovação da finalidade cultural é essencial para garantir a imunidade tributária. Através de documentos, relatórios, registros e transparência na gestão, as instituições podem evidenciar sua atuação cultural e usufruir dos benefícios fiscais, contribuindo assim para o fortalecimento do setor cultural e para o enriquecimento do patrimônio e da diversidade cultural do país.

CAPÍTULO V

IMUNIDADE TRIBUTÁRIA EDUCACIONAL

Imunidade tributária para instituições de ensino.
A imunidade tributária para instituições de ensino é um mecanismo fundamental para garantir a oferta de serviços educacionais de forma mais acessível. Essa isenção abrange tanto as instituições de ensino básico, como escolas de educação infantil, ensino fundamental e médio, quanto as instituições de ensino superior, como universidades, faculdades e institutos de pesquisa.

Essa imunidade permite que as instituições de ensino direcionem seus recursos financeiros para investimentos na qualidade da educação, como contratação de profissionais qualificados, infraestrutura adequada, atualização de materiais didáticos e tecnologia educacional. Dessa forma, a imunidade tributária contribui para o aprimoramento do processo de ensino-aprendizagem e para o desenvolvimento educacional do país.

Além disso, a imunidade tributária educacional tem um impacto direto no acesso à educação. Ao estarem isentas de impostos, as instituições de ensino têm mais flexibilidade para estabelecer mensalidades e matrículas com valores mais acessíveis, possibilitando que um maior número de estudantes tenha acesso a uma educação de qualidade, independentemente de sua condição socioeconômica.

Vale destacar que a imunidade tributária educacional não se restringe apenas às mensalidades. Ela abrange também outros aspectos, como a isenção de impostos sobre o patrimônio imobiliário das instituições de ensino, garantindo que esses recursos sejam direcionados para a melhoria das instalações físicas e para a oferta de um ambiente propício ao aprendizado.

No entanto, é importante ressaltar que a imunidade tributária educacional está sujeita a requisitos e limitações. As instituições de ensino devem cumprir critérios estabelecidos em lei, como oferecer educação de forma não lucrativa, possuir certificação e credenciamento junto aos órgãos competentes, além de seguir os regulamentos educacionais vigentes.

A fiscalização e o controle dessas instituições também são importantes para garantir a legitimidade da imunidade tributária. Os órgãos competentes devem realizar acompanhamento regular e rigoroso, verificando se as instituições estão cumprindo os requisitos estabelecidos e utilizando os recursos de forma adequada.

A imunidade tributária educacional desempenha um papel crucial no desenvolvimento do setor educacional, promovendo o acesso à educação de qualidade e estimulando o investimento na formação de indivíduos. Por meio dessa isenção, as instituições de ensino podem direcionar seus recursos para melhorias na infraestrutura e na qualidade do ensino, contribuindo para a construção de uma sociedade mais educada e preparada para os desafios do futuro.

IMUNIDADE TRIBUTÁRIA DESCOMPLICADA

Abordagem das imunidades para diferentes níveis de ensino.
As imunidades concedidas a diferentes níveis de ensino têm como objetivo promover o acesso à educação em todas as etapas da formação acadêmica, desde a educação infantil até o ensino superior.

No que diz respeito à educação infantil, as creches e pré-escolas também podem usufruir da imunidade tributária, garantindo que essas instituições possam oferecer um ambiente seguro e educativo para as crianças em suas primeiras experiências escolares. A isenção de impostos nesse nível de ensino é fundamental para incentivar a ampliação da oferta de vagas e a melhoria da qualidade do atendimento às crianças em idade pré-escolar.

No ensino fundamental e médio, as escolas têm direito à imunidade tributária, o que contribui para a manutenção de mensalidades acessíveis e a promoção de uma educação de qualidade para os estudantes. Essa imunidade possibilita que as instituições de ensino invistam em infraestrutura, formação de professores, aquisição de materiais didáticos e atividades extracurriculares, visando a um ensino mais completo e abrangente.

Já no ensino superior, as universidades, faculdades e institutos de pesquisa também podem usufruir da imunidade tributária. Essa isenção é fundamental para estimular a pesquisa científica, o desenvolvimento de tecnologias e a formação de profissionais altamente capacitados. Além disso, permite que as instituições ofereçam bolsas de estudo e programas de inclusão, facilitando o acesso de estudantes de diferentes origens socioeconômicas ao ensino superior.

É importante ressaltar que, para usufruir das imunidades tributárias, as instituições de ensino devem cumprir requisitos específicos estabelecidos em lei. Esses requisitos podem envolver aspectos como a natureza sem fins lucrativos da instituição, a certificação junto aos órgãos competentes e a observância dos regulamentos educacionais vigentes.

A imunidade tributária educacional tem um papel fundamental na promoção da igualdade de oportunidades educacionais. Por meio dessa isenção, é possível garantir que todas as crianças e jovens tenham acesso a uma educação de qualidade, independentemente de sua condição socioeconômica. Além disso, contribui para o desenvolvimento do conhecimento, da ciência e da cultura em nosso país, fortalecendo a formação de cidadãos capacitados e engajados.

As imunidades tributárias para os diferentes níveis de ensino são essenciais para a construção de uma sociedade mais justa e igualitária. Elas viabilizam a oferta de educação de qualidade em todas as etapas da formação acadêmica, impulsionando o desenvolvimento pessoal e profissional dos indivíduos, além de contribuir para o avanço social e econômico do país como um todo.

Documentação e exigências para usufruir da imunidade educacional.
Em primeiro lugar, é fundamental que a instituição de ensino seja reconhecida como uma entidade educacional. Isso requer a obtenção de certificados e credenciamentos junto aos órgãos competentes, como o Ministério da Educação (MEC) ou os órgãos estaduais de educação. Esses documentos atestam a regularidade e a qualidade da instituição, garantindo que ela esteja apta a oferecer os serviços educacionais correspondentes.

E ainda, é necessário comprovar que a instituição de ensino é sem fins lucrativos. Essa é uma condição essencial para que a imunidade tributária educacional seja concedida. Para isso, é preciso apresentar a documentação que evidencia a natureza sem fins lucrativos da instituição, como estatutos, regimentos internos e balanços financeiros.

Outra exigência importante é a comprovação de que a instituição de ensino destina integralmente seus recursos à manutenção e ao desenvolvimento dos serviços educacionais. Isso significa que os recursos financeiros obtidos por meio das mensalidades e outras fontes devem ser utilizados exclusivamente para a melhoria das atividades educacionais, incluindo investimentos em infraestrutura, capacitação de professores, aquisição de materiais didáticos e desenvolvimento de programas educacionais.

Além disso, é necessário cumprir todas as obrigações fiscais e trabalhistas previstas em lei. A instituição deve estar em dia com o pagamento de impostos, taxas e contribuições, bem como cumprir todas as obrigações trabalhistas relacionadas aos seus funcionários, como o recolhimento de encargos sociais e previdenciários.

É importante ressaltar que a imunidade tributária educacional está sujeita a fiscalização e controle por parte dos órgãos competentes. Esses órgãos podem realizar visitas de inspeção e solicitar documentos e informações adicionais para verificar o cumprimento das exigências e a correta utilização dos recursos.

Para usufruir da imunidade tributária educacional, as instituições de ensino devem apresentar a documentação adequada, comprovar sua natureza sem fins lucrativos, destinar integralmente seus recursos à atividade educacional e cumprir todas as obrigações fiscais e trabalhistas. Essas exigências garantem a transparência e a legitimidade do benefício, assegurando que as instituições de ensino que usufruem da imunidade estejam verdadeiramente comprometidas com a oferta de uma educação de qualidade e acessível a todos.

CAPÍTULO VI

IMUNIDADE TRIBUTÁRIA DE ENTIDADES FILANTRÓPICAS

Imunidade tributária para entidades sem fins lucrativos.
A imunidade tributária a entidades filantrópicas consiste na isenção de impostos concedida a organizações sem fins lucrativos que desenvolvem atividades de cunho social, assistencial, educacional, cultural, de saúde ou de pesquisa científica.

Essa imunidade tem como objetivo incentivar e reconhecer o trabalho realizado por essas entidades em prol do bem-estar da sociedade. Ao conceder a imunidade tributária, o Estado reconhece a importância dessas instituições e busca facilitar o seu funcionamento e desenvolvimento, para que possam atender às demandas sociais de forma mais eficiente e abrangente.

Abrange diversos impostos, como o Imposto de Renda (IR), o Imposto sobre Produtos Industrializados (IPI), o Imposto sobre Operações Financeiras (IOF), entre outros. Essa isenção alivia a carga tributária sobre essas organizações, permitindo que os recursos financeiros sejam direcionados integralmente às atividades assistenciais e sociais, maximizando o impacto positivo que elas podem gerar na comunidade

Critérios e requisitos para obter a imunidade filantrópica.

Para usufruir da imunidade tributária, as entidades filantrópicas devem atender a uma série de critérios e requisitos estabelecidos pela legislação.

Entre os principais estão:

1. **Natureza jurídica:** A entidade deve possuir personalidade jurídica como associação, fundação ou instituição, devidamente registrada nos órgãos competentes.

2. **Fins não lucrativos:** A organização deve comprovar que não tem finalidade de lucro e que os recursos obtidos são integralmente reinvestidos em suas atividades assistenciais e sociais.

3. **Atividades de interesse público:** A entidade deve desenvolver atividades que beneficiem a coletividade, tais como assistência social, promoção da saúde, educação, cultura, pesquisa científica, entre outras.

4. **Certificado de Entidade Beneficente de Assistência Social (CEBAS):** É necessário obter o CEBAS, emitido pelo Ministério da Cidadania. Esse certificado atesta que a entidade atende aos requisitos legais para a concessão da imunidade tributária e permite que ela seja qualificada como filantrópica.

5. **Prestação de contas e transparência:** As entidades filantrópicas devem apresentar relatórios de prestação de contas e demonstrações financeiras regularmente, garantindo a transparência na gestão dos recursos e o cumprimento das obrigações legais.

6. **Cumprimento das normas específicas:** Cada tipo de atividade filantrópica pode ter requisitos específicos a serem cumpridos. Por exemplo, instituições de ensino devem atender às exigências do Ministério da Educação e culturais devem seguir as regulamentações do Ministério da Cultura.

É importante ressaltar que a obtenção da imunidade tributária não é automática. As entidades interessadas devem realizar um processo de solicitação junto aos órgãos competentes, apresentando documentação comprobatória que demonstre o cumprimento dos critérios e requisitos exigidos.

A imunidade tributária para entidades filantrópicas é uma importante forma de reconhecimento e estímulo ao trabalho dessas organizações. Ela permite que elas se dediquem integralmente ao cumprimento de sua missão social, direcionando seus recursos para o desenvolvimento de ações e projetos que beneficiam diretamente a comunidade.

No entanto, é fundamental que as entidades filantrópicas estejam sempre atentas ao cumprimento das obrigações legais e às exigências de transparência e prestação de contas. A fiscalização e o controle por parte dos órgãos competentes são necessários para garantir a efetividade das ações dessas organizações e a correta utilização dos recursos públicos.

Dessa forma, a imunidade tributária de entidades filantrópicas se configura como um importante instrumento para fortalecer o terceiro setor, promover ações de responsabilidade social e contribuir para a construção de uma sociedade mais solidária e igualitária.

Benefícios e obrigações das instituições filantrópicas.
Essas organizações desempenham um papel fundamental na promoção do bem-estar social e no enfrentamento de desigualdades, e a imunidade tributária é um reconhecimento desse trabalho.

Entre os benefícios das instituições filantrópicas estão:

1. **Isenção de impostos:** As entidades filantrópicas são isentas de diversos impostos, como o Imposto de Renda, o Imposto sobre Produtos Industrializados (IPI) e o Imposto sobre Operações Financeiras (IOF). Essa isenção permite que elas direcionem recursos financeiros para suas atividades assistenciais e sociais, ampliando seu impacto positivo na comunidade.

2. **Acesso a recursos públicos:** As instituições filantrópicas têm maior facilidade em acessar recursos públicos, como convênios, parcerias e programas de financiamento governamentais. Isso fortalece sua capacidade de atuação e possibilita a ampliação de suas iniciativas em prol do bem-estar coletivo.

3. **Credibilidade e apoio da sociedade:** A imunidade tributária confere às instituições filantrópicas uma maior credibilidade junto à sociedade. Os doadores e parceiros têm a garantia de que seus recursos serão utilizados de forma transparente e voltados para causas nobres, o que estimula o apoio e a colaboração contínua.

No entanto, é importante ressaltar que as instituições filantrópicas também têm obrigações a serem cumpridas.

Entre as principais estão:

1. **Finalidade não lucrativa:** As organizações devem comprovar que sua atuação tem um caráter não lucrativo, ou seja, os recursos obtidos não podem ser destinados ao enriquecimento pessoal dos seus dirigentes, mas sim à realização de suas atividades sociais e assistenciais.

2. **Transparência e prestação de contas:** As instituições filantrópicas devem manter uma gestão transparente, apresentando relatórios de prestação de contas e demonstrações financeiras regularmente. Essa transparência é fundamental para garantir a confiança dos doadores e da sociedade como um todo.

3. **Cumprimento das obrigações legais:** As entidades filantrópicas devem estar em conformidade com as leis e regulamentos vigentes, tanto na esfera tributária quanto nas áreas relacionadas à sua atuação específica, como assistência social, saúde, educação, cultura, entre outras.

Ao cumprir essas obrigações e atender aos requisitos legais, as instituições filantrópicas reforçam sua legitimidade e a importância de seu trabalho. A imunidade tributária é uma forma de reconhecer e incentivar essas organizações, mas também implica responsabilidades que devem ser assumidas de forma ética e comprometida.

Assim, a imunidade tributária das entidades filantrópicas é um instrumento valioso para impulsionar a solidariedade e o engajamento social, permitindo que elas continuem desempenhando um papel essencial na transformação e no desenvolvimento da sociedade.

CAPÍTULO VII

IMUNIDADE TRIBUTÁRIA DE EXPORTAÇÕES

Imunidade tributária para produtos destinados à exportação.
Neste capítulo, serão explorados os detalhes e procedimentos relacionados à imunidade tributária de exportações, fornecendo um conhecimento aprofundado sobre essa importante ferramenta para as empresas brasileiras que atuam no mercado internacional.

A imunidade tributária nesse contexto visa promover e incentivar as atividades de exportação, facilitando a competitividade das empresas brasileiras no mercado global.

A imunidade tributária de exportações refere-se à isenção de impostos e contribuições incidentes sobre produtos destinados exclusivamente à exportação. Essa medida busca reduzir os custos das empresas exportadoras, tornando seus produtos mais atrativos e competitivos nos mercados internacionais.

Os principais benefícios da imunidade tributária de exportações são:

1. **Isenção de impostos:** As empresas exportadoras estão isentas de pagar determinados impostos e contribuições, como o Imposto sobre Circulação de Mercadorias e Serviços (ICMS), o Imposto sobre Produtos Industrializados (IPI) e as contribuições sociais.
2. **Aumento da competitividade:** A imunidade tributária proporciona uma vantagem competitiva às empresas exportadoras, uma vez que elas podem oferecer preços mais atrativos para seus produtos no mercado internacional. Isso contribui para ampliar a participação do Brasil no comércio global e impulsionar o crescimento econômico do país.
3. **Estímulo ao setor produtivo:** A imunidade tributária de exportações estimula o desenvolvimento do setor produtivo, incentivando investimentos em tecnologia, infraestrutura e capacitação de mão de obra. Isso resulta em maior produtividade, qualidade dos produtos e geração de empregos.

No entanto, é importante destacar que a imunidade tributária de exportações está sujeita a algumas exigências e limitações. É necessário comprovar que os produtos são efetivamente destinados à exportação e que todas as etapas do processo de exportação estão sendo cumpridas de acordo com a legislação aplicável.

Além disso, a imunidade tributária não abrange todos os impostos e contribuições, sendo necessário verificar caso a caso as obrigações tributárias específicas relacionadas à exportação.

A imunidade tributária de exportações desempenha um papel fundamental no fomento do comércio exterior brasileiro, impulsionando a competitividade das empresas, a geração de divisas e o desenvolvimento econômico do país. É uma medida que incentiva a internacionalização das empresas e contribui para a inserção do Brasil no cenário global.

Como as empresas podem se beneficiar dessa imunidade.

A imunidade tributária de exportações oferece às empresas que realizam operações de exportação uma série de benefícios fiscais, que contribuem para a competitividade e o sucesso no mercado internacional. Ao se enquadrar nos requisitos e seguir os procedimentos adequados, as empresas podem usufruir dos seguintes benefícios:

1. **Isenção de impostos:** A principal vantagem da imunidade tributária de exportações é a isenção de impostos, como o ICMS (Imposto sobre Circulação de Mercadorias e Serviços) e o IPI (Imposto sobre Produtos Industrializados). Isso significa que as empresas exportadoras não precisam pagar esses tributos sobre os produtos destinados à exportação, o que reduz consideravelmente os custos de produção e torna os produtos mais competitivos no mercado internacional.

2. **Redução de custos logísticos:** Além da isenção de impostos, a imunidade tributária de exportações também pode trazer benefícios relacionados aos custos logísticos. Em muitos casos, as empresas exportadoras podem obter benefícios fiscais e incentivos para o transporte, armazenamento e movimentação de mercadorias destinadas à exportação. Isso contribui para a redução dos custos operacionais e torna o processo de exportação mais eficiente.

3. **Ampliação da competitividade:** A imunidade tributária de exportações proporciona uma vantagem competitiva para as empresas brasileiras no mercado global. Ao reduzir os custos de produção e tornar os produtos mais atrativos em termos de preço, as empresas exportadoras podem conquistar novos mercados, ampliar suas exportações e ganhar participação em setores estratégicos. Isso contribui para o crescimento dos negócios e o fortalecimento da economia do país.

Para se beneficiar da imunidade tributária de exportações, as empresas devem cumprir os requisitos estabelecidos pela legislação brasileira. É necessário comprovar que os produtos estão efetivamente destinados à exportação e que todos os procedimentos legais e aduaneiros estão sendo seguidos. Além disso, é fundamental manter a documentação em dia e realizar os registros necessários nos órgãos competentes.

É importante ressaltar que a imunidade tributária de exportações é uma medida complexa, que exige conhecimento especializado e assessoria técnica adequada. As empresas devem buscar orientação junto a profissionais da área contábil, fiscal e aduaneira para garantir o correto enquadramento e aproveitamento dos benefícios fiscais.

Ao compreender e utilizar corretamente a imunidade tributária de exportações, as empresas podem impulsionar suas atividades no mercado internacional, expandir seus negócios e contribuir para o desenvolvimento econômico do país. Neste capítulo, serão abordados todos os aspectos relevantes para que as empresas possam aproveitar plenamente os benefícios dessa imunidade fiscal e alavancar suas operações de exportação.

Limitações e exceções relacionadas à imunidade de exportações.
Embora a imunidade tributária de exportações seja uma medida benéfica para as empresas que atuam no comércio exterior, é importante destacar que existem algumas limitações e exceções a serem consideradas. Essas limitações podem variar de acordo com a legislação vigente e os acordos internacionais firmados pelo país.

Algumas das limitações mais comuns da imunidade tributária de exportações incluem:

1. **Destinação efetiva à exportação:** A imunidade tributária se aplica apenas aos produtos que são efetivamente destinados à exportação. Isso significa que a empresa deve comprovar que os produtos foram embarcados e deixaram o território nacional para serem comercializados no exterior. Caso os produtos sejam desviados para o mercado interno, a imunidade pode ser revogada e os impostos devidos deverão ser pagos.

2. **Produtos não industrializados:** Em alguns casos, a imunidade tributária pode não se aplicar a produtos não industrializados. A legislação pode estabelecer restrições específicas quanto aos produtos que são elegíveis para a imunidade, priorizando aqueles que passaram por um processo de industrialização ou transformação.

3. **Tributos não abrangidos:** A imunidade tributária de exportações geralmente se aplica a impostos específicos, como o ICMS e o IPI. No entanto, outros tributos, como o Imposto de Renda e as contribuições sociais, podem não ser abrangidos pela imunidade. É importante verificar quais impostos estão efetivamente isentos e quais ainda devem ser pagos pelas empresas exportadoras.

4. **Regimes especiais:** Alguns setores ou produtos específicos podem estar sujeitos a regimes especiais de tributação, mesmo no contexto da imunidade de exportações. Esses regimes podem envolver a aplicação de alíquotas diferenciadas ou a necessidade de cumprir determinadas obrigações acessórias. É fundamental estar ciente dessas particularidades para garantir a correta aplicação dos benefícios fiscais.

Além das limitações, é importante mencionar que existem exceções à imunidade tributária de exportações que podem ser aplicadas em determinadas situações.

Essas exceções podem ocorrer em casos específicos de incentivos fiscais concedidos pelo governo, acordos bilaterais ou multilaterais entre países ou em situações de não conformidade com os requisitos estabelecidos.

Portanto, é fundamental que as empresas exportadoras estejam atualizadas em relação às limitações e exceções aplicáveis à imunidade tributária de exportações.

Consultar profissionais especializados na área fiscal e aduaneira é essencial para garantir o cumprimento das obrigações legais, evitar problemas futuros e aproveitar plenamente os benefícios fiscais concedidos pelo regime de imunidade tributária de exportações.

CAPÍTULO VIII

IMUNIDADE TRIBUTÁRIA AMBIENTAL

Imunidade tributária para atividades relacionadas ao meio ambiente.

Neste capítulo, exploraremos mais detalhadamente os critérios e requisitos necessários para usufruir da imunidade tributária ambiental, bem como os impactos positivos que essa medida pode trazer para a sociedade e o meio ambiente.

A imunidade tributária ambiental é uma medida legal que visa incentivar e proteger atividades que promovem a preservação, conservação e recuperação do meio ambiente. Essa imunidade é concedida a determinadas atividades e empreendimentos que contribuem de forma positiva para a sustentabilidade e o equilíbrio ambiental.

Essa imunidade pode abranger diversos tributos, como impostos, taxas e contribuições, desde que estejam diretamente relacionados às atividades ambientais contempladas. Alguns exemplos de atividades que podem se beneficiar da imunidade tributária ambiental incluem:

1. **Conservação de áreas naturais:** Empreendimentos que se dedicam à conservação de áreas naturais, como reservas ecológicas, parques nacionais, unidades de conservação, entre outros, podem usufruir da imunidade tributária. Isso incentiva a proteção e a preservação desses espaços, garantindo sua sustentabilidade a longo prazo.
2. **Energias renováveis:** Empresas que investem em projetos de energias renováveis, como energia solar, eólica, biomassa, entre outras, também podem ser beneficiadas pela imunidade tributária ambiental. Essa medida visa estimular a utiliza

3.**Tratamento de resíduos:** Atividades relacionadas ao tratamento e à destinação adequada de resíduos sólidos, líquidos e gasosos também podem ser contempladas pela imunidade tributária ambiental. Isso incentiva a implementação de práticas de gestão ambiental eficientes, como a reciclagem, o reaproveitamento e a minimização de resíduos, contribuindo para a redução da poluição e o uso sustentável dos recursos naturais.

4. **Pesquisa e desenvolvimento:** Instituições de pesquisa e desenvolvimento que se dedicam a estudos e projetos relacionados ao meio ambiente também podem usufruir da imunidade tributária. Essa medida visa estimular a produção de conhecimento científico e tecnológico voltado para soluções ambientais, fomentando a inovação e o avanço sustentável em diversos setores.

É importante ressaltar que a imunidade tributária ambiental está sujeita a requisitos específicos e à comprovação da finalidade ambiental das atividades desenvolvidas. As instituições e empresas beneficiadas devem demonstrar que estão cumprindo os critérios estabelecidos pela legislação e que suas ações realmente contribuem para a proteção e preservação do meio ambiente.

A imunidade tributária ambiental traz benefícios significativos para o desenvolvimento sustentável do país, incentivando práticas e investimentos que promovem a conservação e a utilização responsável dos recursos naturais. Além disso, estimula a responsabilidade socioambiental das empresas e instituições, fortalecendo a conscientização sobre a importância da proteção do meio ambiente.

Exemplos de setores e práticas que podem usufruir da imunidade ambiental.

Diversos setores e práticas podem se enquadrar nessa imunidade, contribuindo para um desenvolvimento sustentável e responsável. A seguir, apresentamos alguns exemplos:

1. **Agricultura orgânica:** Produtores que adotam práticas de agricultura orgânica, evitando o uso de agrotóxicos e priorizando o manejo sustentável do solo e dos recursos naturais, podem usufruir da imunidade tributária ambiental. Isso estimula a produção de alimentos saudáveis, preserva a qualidade do solo e evita a contaminação dos recursos hídricos.

2. **Setor de energia renovável:** Empresas que investem em energias renováveis, como solar, eólica, biomassa e hidrelétrica de pequeno porte, podem ser beneficiadas pela imunidade tributária ambiental. Essa medida incentiva a transição para fontes limpas de energia, reduzindo as emissões de gases de efeito estufa e contribuindo para a mitigação das mudanças climáticas.

3. **Transporte sustentável:** Empresas que atuam no setor de transporte e optam por utilizar frota de veículos elétricos, híbridos ou movidos a biocombustíveis, em vez de combustíveis fósseis, podem usufruir da imunidade tributária ambiental. Essa medida estimula a redução da emissão de poluentes atmosféricos e contribui para a melhoria da qualidade do ar.

4. **Construção sustentável:** Empreendimentos que adotam práticas de construção sustentável, como o uso de materiais ecológicos, a implementação de sistemas de captação de água da chuva e a eficiência energética, podem se beneficiar da imunidade tributária ambiental. Isso incentiva a redução do impacto ambiental da construção civil e promove a utilização de tecnologias mais sustentáveis.

5. **Ecoturismo:** Empresas e empreendimentos que atuam no setor do ecoturismo, promovendo a visitação e a preservação de áreas naturais, podem ser contemplados pela imunidade tributária ambiental. Essa medida estimula a conservação de ecossistemas frágeis e a valorização da biodiversidade, impulsionando o turismo sustentável.

É fundamental ressaltar que, para usufruir da imunidade tributária ambiental, as empresas e empreendimentos devem comprovar que estão cumprindo os requisitos e critérios estabelecidos pela legislação.

Além disso, é importante destacar que a imunidade não se aplica a todas as obrigações tributárias, mas apenas àquelas relacionadas diretamente às atividades ambientais beneficiadas.

A imunidade tributária ambiental oferece benefícios tanto para as empresas quanto para o meio ambiente, incentivando a adoção de práticas mais sustentáveis e responsáveis.

Ao conceder incentivos fiscais para atividades que promovem a preservação ambiental, cria-se um ambiente propício para o desenvolvimento sustentável, contribuindo para a construção de um futuro mais equilibrado e harmonioso entre o homem e a natureza.

Compromissos e responsabilidades das empresas beneficiadas.

Ao usufruir desse benefício fiscal, as empresas têm o compromisso de cumprir certas responsabilidades relacionadas à proteção e preservação do meio ambiente. Essas responsabilidades são essenciais para garantir que as atividades amparadas pela imunidade tributária estejam alinhadas com os princípios de sustentabilidade e conservação ambiental.

Dentre os compromissos e responsabilidades das empresas beneficiadas pela imunidade tributária ambiental, destacam-se:

1. **Cumprimento das legislações ambientais:** As empresas devem estar em conformidade com as leis e regulamentos ambientais vigentes. Isso inclui o respeito aos limites de emissões, a proteção de recursos naturais, a gestão adequada de resíduos e a mitigação de impactos ambientais negativos.

2. **Adoção de boas práticas ambientais:** Além do cumprimento das leis, as empresas devem buscar constantemente a melhoria contínua de suas práticas ambientais. Isso envolve a implementação de medidas de eficiência energética, o uso responsável dos recursos naturais, a minimização da geração de resíduos e a promoção da reciclagem e reutilização.

3. **Monitoramento e prestação de contas:** As empresas beneficiadas pela imunidade tributária ambiental devem estar preparadas para monitorar e reportar suas atividades ambientais. Isso pode envolver a elaboração de relatórios de sustentabilidade, o acompanhamento de indicadores de desempenho ambiental e a participação em programas de certificação ambiental.

4. **Investimento em tecnologias sustentáveis:** É esperado que as empresas busquem constantemente a adoção de tecnologias mais limpas e sustentáveis. Isso inclui o investimento em equipamentos eficientes, a utilização de fontes de energia renovável, a redução do consumo de água e a aplicação de técnicas de produção mais limpas.

5. **Engajamento com a comunidade e *stakeholders*:** As empresas beneficiadas pela imunidade tributária ambiental devem se envolver com a comunidade e os *stakeholders*, promovendo a conscientização ambiental e colaborando para o desenvolvimento sustentável local. Isso pode incluir a realização de programas educativos, parcerias com instituições de pesquisa e ações de responsabilidade social voltadas para a preservação ambiental.

Esses compromissos e responsabilidades são fundamentais para garantir que a imunidade tributária ambiental seja utilizada de maneira adequada e efetiva. Dessa forma, as empresas beneficiadas contribuem de forma significativa para a proteção do meio ambiente, promovendo a sustentabilidade e o equilíbrio entre o desenvolvimento econômico e a preservação dos recursos naturais.

CAPÍTULO IX

LIMITAÇÕES E RESTRIÇÕES DA IMUNIDADE TRIBUTÁRIA

Situações em que a imunidade tributária pode ser questionada.
Embora a imunidade tributária seja garantida pela Constituição Federal, existem casos em que sua aplicação pode ser objeto de controvérsias e questionamentos legais. É importante compreender essas limitações para uma análise abrangente do tema.

Algumas das situações em que a imunidade tributária pode ser questionada são:

1. **Descumprimento dos requisitos legais:** Para usufruir da imunidade tributária, é necessário cumprir determinados requisitos estabelecidos na legislação. Caso a entidade ou atividade beneficiada não atenda a esses critérios, a imunidade pode ser questionada pelas autoridades fiscais.

2. **Uso indevido da imunidade:** A imunidade tributária destina-se a atividades específicas, como instituições religiosas, educacionais, culturais, entre outras. Se houver evidências de que uma entidade está utilizando de forma indevida a imunidade, desvirtuando sua finalidade, as autoridades fiscais podem contestar sua aplicação.

3. **Excesso de lucro:** A imunidade tributária é concedida a entidades sem fins lucrativos. No entanto, caso seja constatado que a entidade está obtendo excesso de lucro ou praticando atividades comerciais de forma abusiva, pode haver questionamentos sobre a manutenção da imunidade.

4. **Interpretação divergente da lei:** Em alguns casos, a interpretação da legislação tributária pode gerar divergências sobre a aplicação da imunidade. Questões relacionadas à natureza das atividades, finalidade social e critérios de enquadramento podem ser objeto de interpretações diferentes, levando a contestações e questionamentos legais.

5. **Fiscalização e fiscalização periódica:** As entidades beneficiadas pela imunidade tributária estão sujeitas a fiscalizações periódicas por parte das autoridades fiscais. Se durante essas fiscalizações forem encontradas irregularidades ou descumprimentos das obrigações fiscais, a imunidade pode ser questionada e revogada.

É importante ressaltar que cada caso é analisado individualmente, levando em consideração as circunstâncias específicas. A interpretação da legislação e a aplicação da imunidade tributária podem variar de acordo com a jurisprudência e entendimentos dos órgãos competentes.

Exceções e limitações impostas pela legislação.
Embora a imunidade seja um benefício fiscal importante, é necessário compreender que existem certas situações em que essa imunidade não se aplica ou é restrita. Vamos explorar algumas dessas exceções e limitações.

1. **Atividades econômicas lucrativas:** A imunidade tributária geralmente se aplica a entidades sem fins lucrativos, como instituições de caridade e assistência social. No entanto, quando essas entidades realizam atividades econômicas com fins lucrativos, elas podem estar sujeitas à tributação.

2. **Impostos incidentes sobre o patrimônio e as operações:** Embora determinadas atividades ou entidades possam usufruir da imunidade em relação a alguns impostos, é importante observar que certos impostos podem ser aplicáveis. Por exemplo, impostos sobre a propriedade de imóveis ou impostos incidentes sobre transações financeiras podem não estar abrangidos pela imunidade.

3. **Contribuições sociais e trabalhistas:** A imunidade tributária não se estende a contribuições sociais e trabalhistas, como o INSS (Instituto Nacional do Seguro Social) e o FGTS (Fundo de Garantia do Tempo de Serviço). Essas contribuições são destinadas a garantir a seguridade social e os direitos trabalhistas, e não são abrangidas pela imunidade.

4. **Tributos incidentes sobre atividades específicas:** Alguns tributos são direcionados a atividades específicas, como o Imposto sobre Serviços (ISS) para prestadores de serviços. A imunidade tributária pode não se aplicar a esses tributos, mesmo para entidades sem fins lucrativos.

5. **Limitações temporais:** A imunidade tributária pode ser limitada a um período específico estabelecido pela legislação. Por exemplo, pode haver um prazo determinado para a concessão da imunidade ou uma exigência de renovação periódica.

É importante destacar que as exceções e limitações à imunidade tributária são estabelecidas pela legislação e devem ser observadas pelas entidades beneficiadas.

É recomendável consultar profissionais especializados em direito tributário para compreender melhor as particularidades e obrigações específicas de cada situação.

É essencial que as entidades compreendam suas responsabilidades fiscais e cumpram todas as obrigações legais aplicáveis, mesmo que sejam beneficiárias da imunidade tributária.

Isso garantirá a conformidade com a legislação e evitará possíveis questionamentos ou penalidades futuras.

Jurisprudências relevantes sobre limitações da imunidade.
Embora a imunidade tributária seja um direito assegurado constitucionalmente, é importante compreender que sua aplicação pode enfrentar questionamentos e interpretações divergentes nos tribunais.

Vamos explorar algumas dessas jurisprudências relevantes:

1. **Julgamento do STF sobre a imunidade de livros eletrônicos:** Em um caso emblemático, o Supremo Tribunal Federal (STF) decidiu que a imunidade tributária para livros, jornais, periódicos e o papel destinado à sua impressão também se estende aos livros eletrônicos. Essa decisão reforçou a interpretação ampla do conceito de livro e a aplicação da imunidade a novos suportes tecnológicos.

2. **Caso da imunidade tributária de templos religiosos:** A jurisprudência tem reafirmado consistentemente a imunidade tributária para templos religiosos, entendendo que a liberdade religiosa e a proteção do patrimônio cultural e espiritual são fundamentais. No entanto, em alguns casos, tribunais têm questionado a extensão dessa imunidade a atividades comerciais ou prestação de serviços dentro dos templos, exigindo uma análise criteriosa das atividades realizadas para determinar sua abrangência.

3. **Decisões sobre a imunidade educacional:** A jurisprudência tem abordado questões relacionadas à imunidade tributária de instituições de ensino, destacando a necessidade de que sejam sem fins lucrativos e ofereçam educação de forma ampla e abrangente. Casos específicos têm discutido se cursos de pós-graduação e outras atividades podem ser considerados como abrangidos pela imunidade.

4. **Limitações à imunidade de entidades filantrópicas:** Alguns casos têm questionado a concessão da imunidade tributária a entidades filantrópicas, especialmente quando não são comprovados o cumprimento dos requisitos legais e a efetiva realização de atividades voltadas ao bem comum. As decisões têm ressaltado a necessidade de fiscalização rigorosa para garantir que as entidades realmente atendam aos critérios estabelecidos pela legislação.

Essas jurisprudências mostram a importância do Poder Judiciário na interpretação das limitações e restrições da imunidade tributária. Os tribunais desempenham um papel fundamental na definição dos limites e na aplicação da imunidade, garantindo a conformidade com a legislação e evitando possíveis abusos ou interpretações equivocadas.

É essencial que as entidades compreendam as jurisprudências relevantes e busquem assessoria jurídica especializada para garantir o pleno conhecimento de seus direitos e obrigações em relação à imunidade tributária. Isso contribuirá para a segurança jurídica e a conformidade com a legislação, evitando litígios e garantindo a proteção dos direitos e benefícios concedidos pela imunidade tributária.

CAPÍTULO X

ORIENTAÇÕES PRÁTICAS PARA GARANTIR SEUS DIREITOS

Documentação necessária para comprovar a imunidade tributária.
A documentação desempenha um papel fundamental na demonstração da elegibilidade para usufruir dos benefícios da imunidade tributária. Alguns documentos importantes incluem:

1. **Estatuto social:** O estatuto social da entidade beneficiada deve estar devidamente registrado e atualizado, contendo cláusulas que comprovem sua natureza sem fins lucrativos e sua finalidade específica contemplada pela imunidade tributária. É fundamental que o estatuto esteja em conformidade com as exigências legais aplicáveis.

2. **Ata de assembleia:** A ata de assembleia geral ou reunião de fundadores deve ser mantida atualizada, registrando as deliberações e decisões relacionadas à atuação da entidade e sua finalidade filantrópica, educacional, cultural, religiosa ou ambiental. Essa documentação reforça a legitimidade da entidade e sua conformidade com as normas estabelecidas.

3. **Certificado de utilidade pública:** Caso a entidade tenha obtido o certificado de utilidade pública, é importante manter uma cópia atualizada desse documento, pois ele atesta o reconhecimento do caráter beneficente e a aptidão para usufruir da imunidade tributária.

4. **Relatórios e demonstrações financeiras:** É essencial manter registros contábeis e financeiros precisos e atualizados, incluindo balanços patrimoniais, demonstrações de resultados e relatórios de atividades. Esses documentos evidenciam a gestão transparente e responsável dos recursos da entidade, além de fornecer informações relevantes para a comprovação da finalidade almejada.

5. **Documentos específicos:** Dependendo do tipo de imunidade tributária buscada, podem ser necessários documentos adicionais. Por exemplo, no caso de imunidade educacional, é importante apresentar o registro do Ministério da Educação (MEC) e documentos que comprovem a oferta de cursos e programas educacionais.

Além da documentação mencionada, é crucial manter registros atualizados de todas as atividades realizadas pela entidade, como relatórios de projetos, convênios firmados, notas fiscais e comprovantes de pagamento. Essa documentação contribui para a transparência e a comprovação de que a entidade está efetivamente cumprindo sua finalidade e utilizando os recursos de acordo com as normas estabelecidas.

É importante destacar que a legislação tributária pode exigir documentação específica, e é recomendável consultar um profissional especializado na área para garantir a adequação às exigências legais e a efetiva comprovação da imunidade tributária.

Ao seguir essas orientações práticas e manter uma documentação completa e atualizada, as entidades estarão melhor preparadas para assegurar seus direitos e usufruir dos benefícios da imunidade tributária de forma legal e efetiva. Isso proporcionará segurança jurídica e contribuirá para o cumprimento das obrigações e o desenvolvimento das atividades voltadas ao bem comum.

Procedimentos para obter o reconhecimento da imunidade.

O reconhecimento oficial da imunidade é fundamental para que a entidade possa usufruir dos benefícios fiscais previstos na legislação. Alguns procedimentos importantes incluem:

1. **Análise da legislação:** É essencial realizar uma análise minuciosa da legislação tributária aplicável, verificando os requisitos e critérios necessários para a obtenção da imunidade tributária. Cada tipo de imunidade possui suas especificidades, e é importante compreender as normas legais pertinentes à área de atuação da entidade.

2. **Enquadramento legal:** Com base na análise da legislação, é necessário verificar em qual categoria de imunidade a entidade se enquadra, como religiosa, cultural, educacional, filantrópica, entre outras. Cada categoria possui requisitos específicos, e é importante identificar qual se aplica à entidade em questão.

3. **Elaboração de documentação:** A partir do enquadramento legal, é necessário elaborar a documentação necessária para comprovar o preenchimento dos requisitos estabelecidos pela legislação. Essa documentação pode incluir o estatuto social, atas de assembleia, certificados, relatórios financeiros, entre outros. É importante assegurar que todos os documentos estejam de acordo com as exigências legais e sejam claros e precisos na comprovação da finalidade da entidade.

4. **Protocolo do pedido:** Após a elaboração da documentação, o próximo passo é protocolar o pedido de reconhecimento da imunidade junto ao órgão competente, que pode ser a Receita Federal, as Secretarias de Fazenda Estaduais ou Municipais, dependendo do imposto em questão. É importante seguir os procedimentos e prazos estabelecidos pelo órgão, garantindo o envio adequado da documentação.

5. **Acompanhamento do processo:** Após o protocolo do pedido, é necessário acompanhar de perto o andamento do processo de reconhecimento da imunidade. É possível que o órgão solicite documentação adicional, esclarecimentos ou realize diligências para verificar a veracidade das informações apresentadas. Manter um contato próximo com o órgão responsável e responder prontamente a qualquer solicitação é fundamental para o bom andamento do processo.

6. **Cumprimento das obrigações acessórias:** É importante ressaltar que, mesmo após a obtenção da imunidade tributária, as entidades continuam sujeitas ao cumprimento de obrigações acessórias, como a entrega de declarações fiscais, manutenção de registros contábeis adequados e prestação de informações periódicas ao órgão competente. O não cumprimento dessas obrigações pode acarretar em problemas futuros e até mesmo a perda da imunidade.

É fundamental contar com o suporte de profissionais especializados na área tributária para garantir que todos os procedimentos sejam realizados de acordo com as exigências legais e maximizar as chances de sucesso na obtenção do reconhecimento da imunidade. A orientação de um advogado tributarista, contador ou consultor especializado pode auxiliar na elaboração da documentação, no acompanhamento do processo e no cumprimento das obrigações posteriores.

Seguindo essas orientações práticas e cumprindo todos os procedimentos necessários, as entidades terão mais chances de obter o reconhecimento da imunidade tributária, garantindo seus direitos e usufruindo dos benefícios fiscais previstos na legislação.

Recursos e medidas em caso de questionamentos ou negativas.
É importante ressaltar que, mesmo seguindo todos os procedimentos corretamente, podem surgir situações em que a imunidade seja questionada ou negada. Nesses casos, algumas medidas podem ser adotadas, tais como:

1. **Análise das fundamentações:** Ao receber um questionamento ou negativa, é essencial analisar as fundamentações apresentadas pelo órgão fiscal. É importante compreender os argumentos utilizados e verificar se estão de acordo com a legislação e com os requisitos estabelecidos para a imunidade tributária.
2. **Recursos administrativos:** Caso haja discordância em relação à decisão do órgão fiscal, é possível interpor recursos administrativos. Esses recursos devem ser fundamentados e apresentados dentro dos prazos estabelecidos pela legislação. É importante estar atento aos procedimentos e exigências específicas de cada órgão, garantindo que o recurso seja adequadamente protocolado e fundamentado.
3. **Acompanhamento jurídico:** Em situações mais complexas ou quando há a necessidade de argumentações técnicas e jurídicas mais elaboradas, é recomendável buscar o acompanhamento de um advogado especializado em direito tributário. O profissional poderá analisar o caso, identificar possíveis falhas ou inconsistências na decisão do órgão fiscal e elaborar uma estratégia para a defesa dos direitos da entidade.

4.**Medidas judiciais:** Caso os recursos administrativos não sejam suficientes para reverter a negativa de imunidade, é possível ingressar com medidas judiciais. Nesse caso, o acompanhamento de um advogado é imprescindível para a elaboração da petição inicial, a coleta de provas e a condução do processo judicial. O objetivo é obter uma decisão judicial favorável reconhecendo o direito à imunidade tributária.

5.**Diálogo com o órgão fiscal:** Em alguns casos, é possível buscar o diálogo e a negociação com o órgão fiscal para esclarecer dúvidas, apresentar argumentos adicionais ou buscar soluções alternativas. A abertura de um canal de comunicação e a busca por entendimentos podem facilitar a resolução do questionamento e evitar litígios prolongados.

É importante ressaltar que cada caso é único e requer uma análise individualizada. Recomenda-se buscar o apoio de profissionais especializados para orientar nas melhores estratégias a serem adotadas diante de questionamentos ou negativas relacionadas à imunidade tributária. O objetivo é garantir os direitos da entidade e buscar a correta aplicação da legislação tributária.

CONCLUSÃO

PROTEGENDO SEUS DIREITOS E CONTRIBUINDO PARA UMA SOCIEDADE JUSTA

A importância da conscientização sobre os direitos de imunidade tributária.
Ao compreendermos os princípios, requisitos e procedimentos relacionados a esse tema, estamos capacitados a garantir nossos direitos e contribuir para uma sociedade justa.

Ao longo dos capítulos, exploramos as imunidades tributárias religiosas, culturais, educacionais, filantrópicas, de exportações e ambientais, destacando os benefícios e obrigações associados a cada uma delas. Essas imunidades desempenham um papel fundamental no fomento do desenvolvimento social, cultural, educacional e econômico do país.

É imprescindível que instituições e indivíduos estejam cientes dos critérios e documentações necessários para comprovar a finalidade específica e garantir a imunidade tributária. A correta aplicação desses requisitos é essencial para evitar questionamentos e negativas por parte das autoridades fiscais.

Além disso, é fundamental estar atento às limitações e exceções impostas pela legislação, bem como às jurisprudências relevantes, a fim de assegurar a conformidade com as normas tributárias vigentes. Essa conscientização permitirá uma atuação responsável e dentro dos limites estabelecidos pela lei.

Ao protegermos nossos direitos de imunidade tributária, estamos contribuindo para uma sociedade mais justa e equilibrada, promovendo o desenvolvimento dos setores que desempenham um papel fundamental em nossa cultura, educação, filantropia, exportações e preservação ambiental.

Portanto, ao finalizar esta jornada de conhecimento, encorajamos a todos a utilizar as orientações práticas aqui apresentadas, adotando uma postura de responsabilidade e diligência na garantia de seus direitos. Ao fazê-lo, estaremos contribuindo para uma sociedade onde a justiça e o equilíbrio tributário prevalecem, resultando em um ambiente propício ao crescimento e ao bem-estar coletivo.

Como garantir o cumprimento dos seus direitos e colaborar para uma sociedade mais justa.

Durante a nossa jornada, exploramos os diferentes aspectos das imunidades tributárias, compreendendo suas bases legais, requisitos e limitações.

Para proteger nossos direitos, é essencial estar bem informado e consciente dos princípios e normas que regem a imunidade tributária. Isso envolve conhecer os critérios estabelecidos pela legislação, assim como as obrigações e responsabilidades que acompanham essas imunidades. Além disso, é importante estar atualizado sobre as jurisprudências relevantes, que podem fornecer orientações valiosas para a defesa dos nossos direitos.

No entanto, além de proteger nossos próprios direitos, é importante ter em mente o impacto coletivo da imunidade tributária. Ao usufruir desses benefícios, estamos contribuindo para o desenvolvimento de setores essenciais, como a cultura, a educação, as atividades filantrópicas, as exportações e a preservação ambiental. Esses setores desempenham um papel crucial no progresso social, econômico e cultural de nossa sociedade.

Ao garantir nossos direitos de imunidade tributária e colaborar para uma sociedade mais justa, estamos promovendo a igualdade de oportunidades, o acesso à educação, o desenvolvimento cultural, a assistência social e a proteção ambiental. Estamos construindo um ambiente onde o cumprimento das leis fiscais é equitativo e beneficia a todos os envolvidos.

Em conclusão, este ebook teve como objetivo fornecer uma visão abrangente e orientações práticas sobre a imunidade tributária, visando proteger os direitos das entidades e contribuir para uma sociedade mais justa. A compreensão dos princípios, requisitos e procedimentos relacionados à imunidade tributária é essencial para que as instituições possam usufruir desse benefício de forma adequada e dentro dos limites legais estabelecidos. Ao garantir a correta aplicação da legislação tributária, promovemos o desenvolvimento dos setores culturais, educacionais, filantrópicos, ambientais e de exportação, fortalecendo o crescimento econômico e social do país.

BIBLIOGRAFIA

COSTA, Regina Helena. **Curso de direito tributário**. São Paulo: Saraiva, 2009.

MACHADO, Hugo de Brito. **Curso de direito tributário**. 32. ed. São Paulo: Malheiros, 2011.

CARVALHO, Paulo de Barros. **Curso de direito tributário**. 30. ed. São Paulo: Saraiva, 2019.

CARRAZZA, Roque Antônio. **Curso de direito constitucional tributário**. 32. ed. São Paulo: Malheiros, 2019.

HARADA, Kiyoshi. **Direito financeiro e tributário**. 29. ed. São Paulo: Atlas, 2020.